AF246346

PETIT FORMULAIRE

DU DISPENSAIRE GÉNÉRAL

DE LYON.

PETIT FORMULAIRE

A L'USAGE DU

DISPENSAIRE GÉNÉRAL

DE LA VILLE DE LYON,

RÉDIGÉ

par une Commission composée de MM. les Docteurs :

| FARGIER, | MATHIEU, |
| GUBIAN, | PIOCH, |

Médecins de cet Etablissement.

LYON

IMPRIMERIE DE LOUIS PERRIN
rue d'Amboise, 6

———

1863

RAPPORT

DE LA

COMMISSION DU FORMULAIRE

*lu devant le Comité médical du Dispensaire,
dans la séance du 25 janvier 1862 (1).*

MESSIEURS,

Vous avez chargé une Commission d'étudier la question suivante : Est-il avantageux pour le Dispensaire, au point de vue médical et économique, d'avoir un formulaire?

Ce n'est pas la première fois qu'une pareille question est agitée dans le sein du Comité médical. Déjà, en 1848, nos devanciers

(1) La Commission a cru devoir faire précéder le Formulaire du Rapport suivant, où sont exposés succinctement les motifs qui ont déterminé le Comité, et l'esprit qui a présidé à la rédaction de ce travail.

avaient reconnu l'utilité d'un répertoire pharmaceutique, et avaient fait imprimer un vo-
lume intitulé : *Petit Formulaire à l'usage du Dispensaire général.*

D'où vient que la même pensée se pré-
sente à vous aujourd'hui, et que vous aussi,
vous avez nommé une Commission pour éla-
borer le même projet ? C'est qu'en effet les
circonstances qui ont fait naître cette pensée sont les mêmes aujourd'hui qu'autrefois,
et vous nous permettrez de les rappeler ici
en quelques mots.

Le Conseil d'administration du Dispensaire met à la disposition des médecins de
l'OEuvre des ressources nombreuses, et leur
confie l'honorable mission de les distribuer à
ceux qui souffrent. Mais ces ressources sont
loin d'être inépuisables, et moins encore en
proportion de son désir de faire le bien. Il
vous a donc demandé si, par un remaniement
intelligent du service de la pharmacie, il ne
serait pas possible de diminuer la dépense
journalière des malades, tout en leur assurant
les soins et les remèdes que leur état peut exi-
ger. Répondant au vœu de l'Administration,
et animés du même esprit que nos prédécesseurs, comme eux, et comme votre Commis-

sion, vous serez d'avis, Messieurs, qu'on peut simplifier beaucoup le travail de la pharmacie, en convenant d'avance d'un certain nombre de formules que les médecins de l'OEuvre pourront employer dans les cas ordinaires, et toutes les fois que des indications particulières ne demanderont pas de formule spéciale.

. Loin de nous, Messieurs, la pensée de vouloir lier les mains de nos collègues, en rendant le Formulaire obligatoire d'une manière absolue. C'est une idée qui n'est venue à l'esprit de personne; et nous serions les premiers à rejeter un pareil instrument, si on voulait en faire une arme contre nous-mêmes. A nos yeux, un formulaire, c'est une nomenclature de toutes les substances que possède la pharmacie de l'OEuvre, c'est un répertoire de formules générales, qu'il suffit au praticien de désigner d'un mot pour les voir exécuter dans leurs détails, et qu'il modifie à son gré en y ajoutant certains principes médicamenteux, appropriés à des cas particuliers. Ainsi le médecin pourra ordonner, s'il le veut, les tisanes *émolliente*, *délayante*, *diurétique*, ou les potions *calmante*, *huileuse*, etc., sans s'inquiéter de leur composition, puisque le *Formulaire*

lui est un garant que la pharmacie ne déli-
vrera à son malade que des remèdes appropriés à l'indication qu'il veut remplir. S'il veut
prescrire un médicament pour lequel il ne
trouve pas de formule toute faite, il n'aura
qu'à l'incorporer dans une de celles que nous
proposons, en prescrivant de la manière suivante : *potion gommeuse ou potion calmante,
avec addition de......* Si le médicament est de
nature à être dissous dans une tisane, il n'y
aura qu'à en choisir une dont les propriétés
soient analogues aux siennes. Enfin, s'il con-
vient de le faire prendre en pilules, rien ne
sera plus facile, puisqu'avec de la conserve
de roses ou un mucilage de gomme arabique
on peut toujours convertir en masse pilulaire
quelque médicament que ce soit.

Au reste, en adoptant un recueil de formules propres à la pratique médicale du Dispensaire, nous ne ferons que rentrer dans la
règle commune. En effet, nous voyons que
chaque nation, chaque ville, chaque hôpital a
son formulaire. Ces formulaires ne sont pas
rigoureusement obligatoires ; ils ne sont même
pas toujours usités dans toutes leurs parties ;
mais cet oubli partiel, dans lequel on les laisse,
n'est pas une preuve de leur inutilité. Ils ren-

dent journellement des services aux praticiens, en simplifiant leur travail. Nous n'en voulons pour preuve que leur existence si généralement répandue.

Ce que nous venons de dire des formulaires en général doit s'appliquer au nôtre en particulier.

Nous espérons donc que le Comité médical partagera l'avis de la Commission, et adoptera ses conclusions.

Le principe étant admis, il reste à examiner comment on l'appliquera. Faut-il refaire un répertoire pharmaceutique entièrement nouveau? ou bien, acceptant comme base celui qui a été fait par nos prédécesseurs, lui ferons-nous subir les modifications et les perfectionnements indiqués par l'expérience et les progrès de la thérapeutique? C'est ce dernier parti qui a paru le plus sage à la Commission, et c'est celui qu'elle vous propose d'adopter.

Sans empiéter sur le travail qui aura pour but la rédaction du nouveau formulaire, et pour justifier ce que nous avons dit plus haut, nous vous demandons la permission de signaler sommairement les parties sur lesquelles pourront porter les modifications :

1º Pour les tisanes, quelques changements seraient utiles dans l'association des substances qui servent à les faire. La salsepareille devrait être supprimée, à cause de son prix élevé, et remplacée par ses succédanés, le gaïac et le sassafras. Une économie notable pourrait se faire sur les édulcorants : ainsi la réglisse deviendrait l'édulcorant ordinaire, et on réserverait pour des cas tout à fait particuliers le miel et les sirops, qui sont d'un prix plus élevé;

2º Pour les eaux minérales de table, on peut en restreindre considérablement l'usage, tout en conservant les eaux minérales médicamenteuses;

3º La liste des sirops nous a paru incomplète, ainsi nous avons constaté l'absence des sirops de Portal, de Boutigny, de goudron, d'iodure de fer, etc., etc. ;

4º Parmi les pilules il faudrait en ajouter un grand nombre, et par système d'économie, donner les médicaments sous forme pilulaire, de préférence à la forme de potion, toutes les fois que la maladie le permettra;

5º Les poudres, les pommades, et enfin les préparations iodées de toutes sortes, dont l'emploi est si répandu et si important dans la thérapeutique de nos jours, devront occuper une plus grande place dans le nouveau formulaire.

Nous bornons ici, Messieurs, les remarques qui nous ont paru les plus frappantes, et nous passons immédiatement aux conclusions, qui sont les suivantes :

1° La Commission, à l'unanimité de ses membres, juge très-opportune l'admission d'un formulaire, qui pourtant ne sera pas obligatoire d'une manière absolue ;

2° Elle propose l'acceptation de l'ancien comme base, avec les modifications et les additions jugées convenables par une Commission nommée à cet effet.

Les conclusions ci-dessus énoncées ont été adoptées par le Comité médical, et la rédaction du formulaire a été confiée à la même Commission.

FORMULAIRE

DU

DISPENSAIRE GÉNÉRAL.

PREMIÈRE PARTIE.

Médicaments employés à l'intérieur.

CHAPITRE PREMIER.

TISANES.

Tisane émolliente.

Orge et racine de guimauve, ââ. . . . . . . 8 gr.
Eau *q. s.* pour obtenir un litre de tisane par l'ébulli-
tion suffisamment prolongée.

N. B. Edulcorez toutes les tisanes, sauf indication
contraire du médecin ou du formulaire, avec 8 gr. de
réglisse par litre.

Tisane délayante.

Chiendent . . . . 15 gr.
Eau, *q. s.* pour un litre de décoction.
Miel commun 60
Acétate de potasse. 4

12

Tisane tempérante.

Suc exprimé d'un citron, ou sirop de limon.   60 gr.
Eau. 1000

Limonade cuite.

(Formule usitée.)

Limonades tartrique , nitrique, chlorhydrique, etc.

(Formules usitées).

Tisane des quatre fleurs béchiques.

(Formule usitée.)

Tisane pectorale.

Dattes . . . . n° 4.
Jujube . . . . n° 8.
Eau, *q. s.* pour un litre de décoction.

Tisane diaphorétique simple.

Fleurs de sureau. . . . .   4 pincées.
Eau bouillante . . . . 1000 gr.

Tisane sudorifique simple.

Douce amère et saponaire, ââ. . . . . . .   15 gr.
Eau. 1000

Tisane diurétique n° 1.

Tisane délayante . . . . 1000 gr.
Ajoutez : nitrate de potasse.   2

Tisane diurétique n° 2.

Ajoutez à la précédente 60 gr. sirop d'asperges.

Tisane amère simple, avec espèces amères.
(Formule usitée.)

Tisane amère tonique.

Houblon et gentiane ou quassia, ââ . . . . . . 8 gr.
Eau, *q. s.* pour un litre de tisane.

Tisane astringente n° 1.

Bistorte . . . . 20 gr.
Eau 1000

Tisane astringente n° 2.

Bistorte . . . . 20 gr.
Eau 1000
Sirop de cachou 60

Eau ou tisane de riz.

Riz . . . . 15 gr.
Eau, *q. s.* pour un litre de tisane.
Sirop de coings ou d'airelles 60

Eau de riz gommée.

La précédente avec addition de gomme arab. 15 gr.

Décoction blanche de Sydenham.
(Formule usitée.)

Tisane antispasmodique.

Racine de valériane, quelques brins.
Fleurs de tilleul, deux pincées.
Feuilles d'oranger, deux ou trois.
Eau . . . . 1000 gr.

Thé aromatique du Dispensaire.

Quelques labiées aromatiques associées au thé de
Chine (voir la formule de la pharmacie).

Tisane emménagogue.

Armoise . . . . 15 gr.
Eau 1000

Bochet simple.
(Formule usitée.)

Bochet purgatif ou tisane laxative.

Bochet simple . . . . 500 gr.
Sulfate de soude. 15

Tisane royale.
(Formule usitée.)

Tisane vermifuge.

Mousse de Corse . . . . 25 gr.
Eau. 500

Tisane dépurative.
(Voyez tisane sudorifique.)

Pensée sauvage et fumeterre, ââ. . . . . . 15 gr.
Eau 1000

Petit lait de Weiss.

(Formule usitée.)

Tisanes émulsionnées.

Tisane et émulsion, ââ. . . . . 500 gr. mêlez.

N. B. On indiquera par leurs noms les plantes non comprises sous les titres généraux ci-dessus qu'on jugera à propos de prescrire sous forme de tisanes, telles que lichen, arnica, patience, bardane, bourrache, etc., etc.

CHAPITRE II.

EAUX MINÉRALES.

1° Les eaux minérales naturelles d'un prix peu élevé.
2° Les autres sont imitées.

CHAPITRE III.

POTIONS, JULEPS, LOOCHS.

Potion gommeuse.

Gomme arabique . . . . 8 gr.
Eau 100
Eau de fleurs d'oranger 10
Sirop simple 30

N. B. En remplaçant le sirop simple par égale quantité de sirop diacode, on a la potion gommeuse calmante.

Potion tempérante.

Eau de pourpier . . . . 100 gr.
Eau de fleurs d'oranger 10
Sirop diacode et sirop de limon, àà. 15
Sel de nitre. . . . . 0,25 centig.

Potion sédative.

Eau de pourpier. . . . . 100 gr.
Eau de laurier cerise 10
Sirop diacode . . . .
— d'aconit-napel.
— d'orgeat. . . . } àà 10
— de digitale. . .

Potion calmante n° 1.

Eau. . . . . 120 gr.
Sirop de thridace et de fleurs d'oranger, àà. 15

Potion calmante n° 2.

Eau. . . . . 120 gr.
Sirop d'oranger et diacode, àà 15

Potion calmante n° 3.

Eau . . . . 100 gr.
Eau d'oranger 10
Sirop simple. 30
Laud. Sydenham. . . . . XII gouttes.

Potion béchique.

Infusion d'espèces béchiques. . . . . 120 gr.
Sirop de Tolu 30
Eau de mélisse. 25

Potion antispasmodique.

Eau de tilleul. . . . . 100 gr.
Sirop d'éther et de valériane, ââ . . . 15
Teinture de castoreum et laud. Syd., ââ VIII gouttes.

Potion cordiale nº 1.

Eau de menthe poivrée et eau de cannelle
   orgée, ââ . . . . 50 gr.
Vin d'Espagne 60
Sirop de kina. 40

Potion cordiale nº 2.

Eau de cannelle orgée. . . . . 100 gr.
Sirop de kina 40
Elixir de Garus. 30
Valérianate d'ammoniaque . . . . . . XX gouttes.

Potion anti-émétique de Rivière, en deux flacons.

(Formule usitée.)

Potion de Chopart.

(Formule usitée.)

Potion ou remède de Durande.

(Formule usitée.)

Potion stibio-opiacée de Peysson.

(Formule usitée.)

Potion contro-stimulante de Laënnec.

Infusé de feuilles d'oranger. . . . . . 150 gr.
Sirop diacode 30
Tartre stibié. . . . . 0,30 centig.

Potion à l'oxyde blanc.

Oxyde blanc d'antimoine . . . . 2 gr.
Julep gommeux. . . . . n° 1.

Potion expectorante.

Oxymel scillitique . . . . 15 gr.
Kermès minéral . . . . 0,15 centig.
Julep gommeux . . . . n° 1.

Potion expectorante ou contro-stimulante n° 2.

Racine d'ipécacuanha annelé, en morceaux.   2 gr.
Manne 15
Eau. 120

Faites infuser. Une cuillerée à café tous les quarts d'heure.

Potion purgative n° 1.

Follicules de séné . . . . 10 gr.
Manne 60
Sulfate de soude 15
Eau bouillante, une verrée.

Potion purgative n° 2.

Ajoutez à la précédente :
Sirop de nerprun. . . . . 30 gr.

Potion diaphorétique.

Tisane diaphorétique . . . . 120 gr.
Sirop sudorifique 30
Acétate d'ammoniaque 5

Potion diaphorétique n° 2.

Ajoutez à la précédente :

Poudre de Dower.. . . . . 0,50 centigr.

Potion diaphorétique n° 3.

Potion diaphorétique n° 2.
Ajoutez : Rhum. . . . . 15 gr.

Potion tonique.

Tisane tonique . . . . 120 gr.
Sirop de kina. 30

Potion astringente.

Tisane astringente . . . . 150 gr.
Eau de Rabel. 1

Potion anti-syphilitique.

Potion simple. . . . . 250 gr.
Iodure de potassium. . . . 1   (dose commune.)

(Par cuill. en 24 heures.)

Potion au sublimé.

Potion simple. . . . . 250 gr.
Liq. Van-Swieten, une cuillerée.
(Par cuill. en 24 heures.)

Looch blanc.
(Formule usitée.)

Looch huileux.
(Formule usitée.)

Looch calmant.

Looch simple.
Sirop diacode . . . . 30 gr

Looch expectorant.

Looch simple.
Kermès. . . . . 15 centig.

Looch contro-stimulant.

Looch simple.
Oxyde blanc d'antim. . . . . 2 gr.

Looch purgatif n° 1.

Looch simple.
Huile de ricin . . . . 30 gr.

Looch purgatif n° 2.

Looch simple.
Scammonée d'Alep et résine de jalap, ââ. 0,40 centig.

Looch drastique n° 1.

Looch simple.
Huile d'épurge. . . . .   x gouttes.

Looch drastique n° 2.

Looch simple.
Huile de croton tiglium. . . . .   ii gouttes.

Looch drastique n° 3.

Looch simple.
Huile de croton . . . .   iii gouttes.

CHAPITRE IV.

SIROPS. — MELLITES.

Remarque. — Le Dispensaire fournit aux pauvres malades les sirops simples ou composés, non spéciaux, c'est-à-dire ceux dont la formule est du domaine public, tels que les sirops antiscorbutique, de Portal, etc., etc. Il supplée aux autres par des mélanges que peut prescrire le médecin, en tâchant de concilier l'économie avec le soulagement des malades, et par des spécialités qui lui sont propres, et dont voici les principales :

Sirop lénitif pectoral du Dispensaire.

Sirop de lactucarium du Dispensaire.

Mélange calmant du Dispensaire.

Sirop de mou de veau . . .
— de guimauve. . . . . } ââ.
— diacode . . . .

Sirop laxatif du Dispensaire.

Miel commun.

Miel rosat.

Miel de mercuriale.

Oxymel scillitique.

CHAPITRE V.

VINS. — VINAIGRES.

Vin composé d'opium, ou laudanum de Sydenham.
(Formule usitée.)

Laudanum de Rousseau.
(Formule usitée.)

Vin de quinquina.
(Formule usitée.)

Vins de gentiane, de quassia, etc.
(Formules usitées.)

Vin amer de Dubois.

(Formule usitée.)

Vin chalybé.

(Formule usitée.)

Vin antiscorbutique.

(Formule usitée.)

Vin diurétique.

Baies de genièvre broyées . . . .   60 gr.
Scille et digitale concassées, dâ. 1 5
Vin blanc   1000

Faites macérer 4 jours ; ajoutez :

Nitrate de potasse 2 5

Filtrez. De 3 à 9 cuill. à bouche par jour progressivement, pur ou étendu.

Vin hydragogue.

Ajoutez au précédent :

Jalap concassé un peu fin. . . . .   1 5 gr.

Même *modus faciendi*, et mêmes doses.

Vinaigres et Vins scillitiques et colchiques.

(Formules usitées.)

CHAPITRE VI.

TEINTURES. — SOLUTIONS.

Le Dispensaire fournit toutes les teintures ou alcoolatures officinales généralement usitées, ainsi que celles qui sont formulées par le médecin, telles que : eau-de-vie allemande, Liq. de Van Swieten, liq. arsénicales de Fowler, de Pearson ou de Devergie, eau sédative, élixir de longue vie, l'alcool de menthe du Dispensaire, la mixture antinévralgique de Bonnet, celle de Mialhe :

Acétate de morphine. . . . .   0,10 centig.
Acide acétique, *q. s.* pour dissoudre.
Eau de Cologne . . . .   8 à 10 gr.
    F. s. a.

Et le *liniment chloroformé* suivant :

Chloroforme. . . . .   2 gr.
Laudanum . . . .   xl gouttes.
Baume tranq. camphré. . . . .   8 gr.

CHAPITRE VII.

GARGARISMES. — COLLUTOIRES.

Gargarisme émollient.

Décoction d'orge perlée et racine de guim. 250 gr.
Miel   30

Gargarisme calmant.

Ajoutez au précédent une tête de pavot.

Gargarisme antiscorbutique.

Infus. (de 2 ou 3 h^{res}) de racines de raifort.   250 gr.
Alcool de cochléaria composé.   30
Jus de citron . . . .   q. s.

Gargarisme astringent.

Décoction d'orge en paille. . . . .   250 gr.
Miel rosat.   30
Alun   2

Gargarisme détersif (au borax) n° 1.

Décoction d'orge en paille. . . . .   250 gr.
Miel rosat.   30
Borax.   8

Gargarisme détersif (à l'acide chlorhydrique) n° 2.

Remplacez le borax par :

Acide chlorhydrique fumant . . . .   2 gr.

Gargarisme antiseptique.

Décoction d'orge en paille . . . .   250 gr.
Miel rosat.   30
Liq. de Labarraque.   20

Gargarisme résolutif.

Sel ammoniac. . . . .   2 gr.
Eau.   250
Sirop de vinaigre   30

Remarque. — Les collutoires n'étant, en quelque sorte, que des gargarismes plus ou moins concentrés, nous leur conserverons les mêmes dénominations qu'à ces derniers, laissant au médecin le soin d'indiquer lui-même les doses de chaque substance qu'il entendra prescrire. Quand il ne le fera pas, il suffira au pharmacien de réduire considérablement, ou même de supprimer entièrement le véhicule inerte.

CHAPITRE VIII.

LAVEMENTS. — INJECTIONS.

Lavement émollient.

Décoction de feuilles de mauves. . . . . . . 500 gr.

Lavement huileux.

Lavement émollient. . . . . 500 gr.
Huile d'olives. 60
    Indiquer si l'on veut l'addition d'un jaune d'œuf.

Lavement calmant n° 1.

Lavement émollient . . . . 250 gr.
Ajoutez une demi-tête de pavot.

Lavement calmant n° 2.

Lavement émollient . . . . 250 gr.
Laudanum de Sydenham . . . . x gouttes.

Lavement amidonné simple, ou laudanisé.

Eau.	250 gr.
Laudanum de Sydénham	x gouttes.

(Dose usitée d'amidon.)

Lavement antispasmodique ou anti-hystérique.

Infusé de valériane.	200 gr.
Camphre.	0,30 centig.
Asa-fœtida.	2 gr.
Laudan. Sydenham.	x gouttes.
Jaune d'œuf	q. s.

Lavement laxatif.

Lavement émollient	500 gr.
Miel de mercuriale.	60

Lavement purgatif.

Follicules de séné	15 gr.
Sulfate de soude	30
Eau.	500

Lavement drastique.

Lavement purgatif.	500 gr.
Vin émétique trouble	60

M.

Lavement diurétique.

Scille et digitale, ââ. . . . .   2 gr.
Eau bouillante. . . . . • 500
   Faites bouillir 10 minutes, passez et ajoutez :
Sel de nitre. . . . . 2 gr.
Laud. de Rousseau. . . . . vi gouttes.

Lavement anthelminthique.

Mousse de Corse . . . . 15 gr.
Eau bouillante. 200
Huile de ricin. 50
Jaune d'œuf. . . . . n° 1.

Lavement astringent.

Bistorte. . . . . 20 gr.
Eau bouillante. 250
Alun 2

Lavement tonique et antispasmodique.

Valériane et kina, ââ. . . . . 10 gr.
Camphre . . . . 0,30 centig.
Laud. Sydenham. . . . . viii gouttes.
Eau . . . . 200 gr.

Lavement tonique et antiseptique.

Lavement tonique-antispasmodique . 200 gr.
Ajoutez : Liqueur de Labarraque. . . 10
   Poudre impalpable de char-
      bon végétal. . . . . 2 cuillerées.

Injection émolliente.

Décoction de feuilles de mauves. . . . . . . 250 gr.

Injection calmante n° 1.

Décoction de mauves et pavots . . . . 250 gr.

Injection calmante n° 2.

Injection émolliente. . . . . 250 gr.
Laudanum de Sydenham . . . . xx gouttes.

Injection hypnotique.

Pavot. . . . . une ou deux têtes.
Jusquiame et morelle, ââ . . . . . une poignée.
Eau. . . . . 250 gr., après ré-
　　duction d'un quart.

Injection balsamique.

Eau de goudron. . . . . 250 gr.

Injection antiseptique.

Chlorure de soude . . . . 10 gr.
Eau. 250

Injection astringente n° 1.

Décoction de roses de Provins au 10ᵐᵉ. . . 250 gr.

Injection astringente n° 2.

Décoction d'écorce de chêne au 10ᵐᵉ . . . 250 gr.

2.

Injection astringente n° 3.

Alun . . . .   10 gr.
Eau   250

Quant aux injections irritantes, substitutives, cathérétiques, etc., les indications en sont trop variables pour qu'une classification générale puisse facilement les contenir; c'est donc au médecin à les formuler d'une manière explicite et détaillée, selon le but qu'il veut remplir.

CHAPITRE IX.

ELECTUAIRES ET OPIATS; CONSERVES ET GELÉES.

Formules usitées des conserves de roses, de cynorrhodon, de genièvre, etc., de la thériaque et du dias cordium, de la gelée de lichen.......

CHAPITRE X.

EXTRAITS.

Le Dispensaire prépare, selon les meilleurs procédés, les extraits généralement employés.

CHAPITRE XI.

BOLS, PILULES ET GRANULES.

Le Dispensaire fournit les bols, pilules et granules officinaux d'un usage général.

Il tient, en outre, toutes préparées les pilules suivantes :

Pilules de ciguë.

Extrait de ciguë. . . . . 0,05 centig.
Poudre de feuilles de ciguë 0,05
Sirop simple, *q. s.* pour une pilule.

Pilules de digitale.

Poudre de digitale . . . . 0,05 centig.
Extr. gommeux d'opium. 0,01
Excipient inerte, *q. s.* pour une pilule.

Pilules de sulfate de quinine.

Sulf. quinine . . . . 0,05 centig.
Extr. gommeux d'opium. . . . . 0,005 milligr.
Excipient inerte, *q. s.* pour une pilule.

Pilules diurétiques-hydragogues n° 1.

Poudre de scille . . . . 0,05 centigr.
— de digitale 0,05
— de résine de Jalap 0,05
Pour une pilule.

Pilules diurétiques-hydragogues n° 2.

Asa-fœtida. . . . . 0,05 centigr.
Poudre de scille 0,05
Extrait de coloquinte 0,05
Poudre de digitale. 0,05
Pour une pilule.

Pilules de Dupuy.

Scille . . . . 0,05 centigr.

Digitale pourprée 0,05

Asa fœtida. 0,05

Extr. de trèfle d'eau 0,05

Pour une pilule.

CHAPITRE XII.

POUDRES.

Les principales poudres officinales simples ou com-
posées, de plus, les suivantes :

Poudre vomitive.

Emétique . . . . 0,01 centigr.

Ipéca 0,25

M. Pour une prise.

Nota.— Le médecin en prescrira autant qu'il le jugera nécessaire.

Poudre éméto-cathartique.

Emétique. . . . . 0,01 centigr.

Sulfate de soude. . . . . 8 gr.

M. Pour une prise, dans une tasse de véhicule.

Nota. — Le médecin prescrira autant de prises et
de véhicule qu'il le jugera à propos.

Poudre diurétique.

Poudre de scille. . . . . 0,02 centigr.

—   digitale. 0,02

Sel de nitre 0,20

Pour une prise, dans une tasse de boisson.

Nota. — Le médecin en prescrira le nombre qu'il voudra.

Poudre antigastralgique.

Quina. . . . . 0,05 centigr.

Rhubarbe 0,05

Magnésie 0,05

S. carb. fer 0,05

Cachou 0,05

Feuilles d'oranger 0,05

Pour une prise.

Poudre digestive du docteur Pétrequin.

Lactate de magnésie . . . . 0,15 centigr.

—   de soude au 1/4. 0,10

M. Pour une prise ; une avant et après le repas.

Poudre gazeuse.

Acide tartrique pulvérisé. . . . . . . 1,25 centigr.

Bicarb. soude 2,08

Pliez séparément l'acide et le sel chacun dans un papier de différentes couleurs ; le malade les fera dissoudre l'une après l'autre dans un verre d'eau, et boira pendant l'effervescence.

Limonade gazeuse en poudre.

Sucre rapé . .   5 gr . . .
Acide citrique.   0,60 centig.   } en paquet bleu, *p. ex.*

Bicarb. soude .   0,40   en paquet blanc, *p. ex.*

A employer comme les poudres gazeuses.

Poudre vermifuge.

Outre les poudres de santonine et autres, on peut prescrire la suivante :

Poudre de mousse de Corse . . . . .   1 gr.

   —   de semen-contra   1

Calomélas . . . .   0,05 centigr.

Pour une prise.

Poudre contre la coqueluche.

Poudre fraîche de racine de belladone.   0,01 centigr.

   —   d'ipéca.   0,02

Sucre, une pincée.

M. Pour une prise, qu'on répétera suivant l'indication.

On indiquera seulement par le nom de leurs inventeurs les poudres de Wetzler, Sandras, Kahleiss, Brachet, Viricel, etc.

CHAPITRE XIII.

TABLETTES ET PASTILLES

d'un usage général.

DEUXIÈME PARTIE.

Médicaments réservés pour l'usage externe.

CHAPITRE PREMIER.

CÉRATS, POMMADES ET ONGUENTS
d'un usage général.

De plus :

Onguent maturatif du Dispensaire.

Pommade anti-ophthalmique du docteur Martin.

CHAPITRE II.

EMPLATRES, SPARADRAPS, COLLODIONS
généralement usités.

*Emplâtre souverain du Dispensaire, contre les douleurs,
contusions, etc.*

CHAPITRE III.

BAUMES ET HUILES
les plus généralement employés.

CHAPITRE IV.

LINIMENTS ET LOTIONS.

Mêmes observations que pour les chapitres précédents.

CHAPITRE V.

COLLYRES.

Collyre émollient.

Eau de mauves . . . . 150 gr.

Collyre opiacé

(Formule du Codex.)

Collyre laudanisé.

Eau de roses. . . . . 125 gr.
Laud. Sydenh. . . . . xx gouttes.

Collyre narcotique.

Laud. de Rousseau . . . . xx gouttes.
Extr. de Jusquiame . . . . 1 gr.
Eau de roses. 100
Eau de laurier cerise 25

Collyre astringent.

Tannin pur. . . . . 1 gr.
Eau. 100
Eau de laurier cerise. 10

Collyre résolutif et substitutif du Dispensaire.

Collyre au sulf. zinc.

Sulf. zinc. . . . . 1 gr.
Eau de roses. 125

Collyre au nitr. d'argent.

Nitr. d'argent cristallisé . . . . 0,05 centigr.
Eau distillée . . . . 30 gr.
  Une dose plus forte devra être directement indiquée.

Collyre à la pierre divine.

Pierre divine, ... 1 gr.
Eau de rose 50

Eau céleste ou collyre azuré.

Sulf. cuivre cristallisé . . . . 0,20 centigr.
Eau distillée. . . . . 120 gr.
Ammoniaque . . . . X gouttes.

Collyre de Sichel contre les conjonctivités chroniques.

Sulf. cuivre. . . . . 0,05 centigr.
Eau distillée . . . . , ... 10 gr.
Laud. Sydenh. . . . . VI gouttes.

Eau d'Alibour, modifiée par Bouchardat, contre les ophthalmies chroniques.

CHAPITRE VI.

FOMENTATIONS, CATAPLASMES, BAINS.

Fomentation émolliente.

Feuilles de mauves. . . . . deux poignées.
Eau. . . . . *q. s.* pour un litre
  de décoction

Fomentation calmante n° 1.

Feuilles de mauves et morelle, ââ.   une poignée.
Pavot. . . . .   une demi-capsule.
Eau . . . .   q. s. pour un litre.
    de décoction.

Fomentation calmante n° 2.

Feuilles de mauves. . . . .   une poignée.
Capsule de pavot . . . .   n° 1.
Feuilles de jusquiame. . . . . . .   une poignée.
Eau. . . . .   q. s. pour un litre.

Fomentation résolutive n° 1.

Sureau, camomille, sauge et roses de Provins, ââ, une
    petite poignée.
Eau. . . . .   q. s. pour un litre.

Fomentation résolutive n° 2.

Sel ammoniac. . . . .   50 gr.
Vinaigre.   200
Alcool   200
Eau.   500

Fomentation astringente.

Racine de bistorte. . . . .   50 gr.
Ecorce de grenadier.   50
    Faites digérer pendant une heure dans :
Vin rouge chaud   500
    Passez et ajoutez :
Sel ammoniac.   10

Fomentation chlorurée.

Fomentation résolutive n° 1 . . . .   3 parties.
Chlorure de soude . . . .   1 partie.

Pour préparer des cataplasmes affectés des mêmes qualificatifs que ceux que nous venons de donner aux fomentations, il suffira de délayer la farine de lin dans le liquide des fomentations, ou de tout faire bouillir ensemble lorsque les plantes seront tendres et susceptibles de se réduire presque en pâte par la cuisson.

Cataplasme de roses de Provins.

Farine de lin. . . . .   q. s.
Roses de Provins. . . . .   une poignée.

Cataplasme avec les farines résolutives de fenugrec, de fève, d'orobe et de lupin.

Peu usité.

Cataplasme maturatif.

Farine de lin. . . . .   100 gr.
Décoction d'esp. émollientes. . . . .   q. s.
   Faites un cataplasme, puis incorporez :
Pulpe de lys.   50
Pulpe de feuille d'oseille.   50
Ongt. basilicum.   30
   f. s. a.

Cataplasme laudanisé.

Bains ou douches simples, alcalins, de vapeur, émollients ou aromatiques, sulfureux, résineux, russes, d'étuves...

CHAPITRE VII.

CAUSTIQUES ET ESCHAROTIQUES
les plus usités.

CHAPITRE VIII.

OBJETS MIS A LA DISPOSITION DU MÉDECIN.

Pessaires, suspensoirs, bandages herniaires, chaussettes, sondes, bougies, appareil électro-médical, instruments de chirurgie, etc.

TABLE ALPHABÉTIQUE

DES MATIÈRES.